PUBLICATIONS DE LA RÉUNION DES OFFICIERS

MÉLANGES MILITAIRES
XCV

DE

L'ARMÉE TERRITORIALE

ET DES CORPS SPÉCIAUX

DE CAVALIERS ÉCLAIREURS

PAR

M. WEIL

PARIS

CH. TANERA, ÉDITEUR

LIBRAIRIE POUR L'ART MILITAIRE ET LES SCIENCES

Rue de Savoie, 6

1872

DE L'ARMÉE TERRITORIALE

ET

DES CORPS SPÉCIAUX DE CAVALIERS ÉCLAIREURS

PUBLICATION DE LA RÉUNION DES OFFICIERS

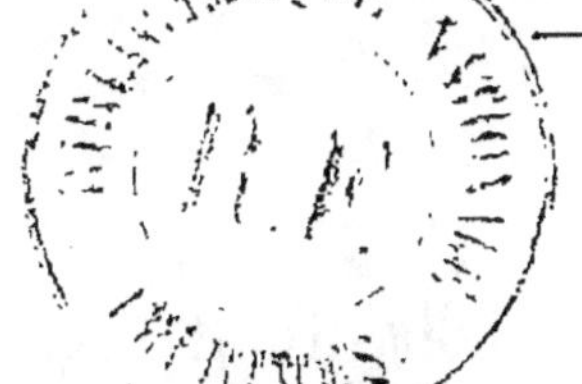

DE
L'ARMÉE TERRITORIALE

ET DES CORPS SPÉCIAUX

DE CAVALIERS ÉCLAIREURS

PAR

M. WEIL

PARIS
CH. TANERA, ÉDITEUR
LIBRAIRIE POUR L'ART MILITAIRE ET LES SCIENCES
Rue de Savoie, 6

1872

DE L'ARMÉE TERRITORIALE

ET

DES CORPS SPÉCIAUX DE CAVALIERS ÉCLAIREURS

La discussion de la loi d'organisation de l'armée active, de la réserve de l'armée active et de l'armée territoriale, ne peut manquer de faire surgir et de trancher des questions d'une importance capitale, et dont la solution est destinée à exercer une influence considérable sur le rôle que les armées françaises sont appelées à jouer dans les combats et les campagnes de l'avenir.

Bien qu'aucune des intentions des différentes commissions ne soit encore connue à l'heure qu'il est, le moment semble bien choisi pour appeler l'attention sur une question qui nous paraît digne d'un examen approfondi ; nous voulons parler de l'organisation de corps de cavalerie tirés de l'armée territoriale et chargés d'un service particulier.

S'il faut en croire les bruits divers, l'armée territoriale ne doit se composer que de troupes d'infanterie, du génie et d'artillerie de place. Les charges immenses qui pèsent sur le pays, l'impossibilité dans laquelle on se trouve de donner au budget de la guerre les sommes considérables que nécessiteraient la création et l'entretien de corps de cavalerie, paraissent devoir faire renoncer à l'espérance de voir l'armée territoriale renfermer dans son sein des escadrons de cavalerie.

Il nous semble cependant que, sans grever pour cela le budget, sans avoir besoin de crédits supplémentaires, on pourrait arriver sans peine à créer dans l'armée territoriale un certain nombre d'escadrons chargés d'un service spécial. C'est cette idée que nous nous proposons d'exposer succinctement ici.

Lorsque le fusil à tir rapide et à longue portée est venu remplacer l'ancien fusil à percussion, et modifier par suite la tactique des armées, on a répété de tous côtés que la cavalerie ne saurait plus jouer à l'avenir le rôle considérable qu'elle avait tenu pendant des siècles, et le gouvernement autrichien, pénétré de ces idées, a même, dès ce moment, réduit sensiblement l'effectif de sa cavalerie.

La guerre de la sécession d'Amérique et les dernières guerres en Europe ont démontré d'une façon péremptoire l'inanité de ces présomptions.

Le rôle de la cavalerie a changé, mais il ne se trouve restreint en rien, et les Prussiens se sont chargés de nous montrer, pendant la campagne de 1870-1871, tout le parti qu'on pouvait tirer d'une cavalerie nombreuse, composée d'hommes hardis et intelligents.

Nul ne saurait nier aujourd'hui que les Prussiens ont dû en grande partie leurs immenses succès au rideau impénétrable d'éclaireurs qu'ils jetaient à plusieurs lieues en avant de leurs corps d'armée, et derrière lesquels le gros de l'armée allemande manœuvrait en toute sécurité et toujours parfaitement renseigné sur tous les mouvements d'un ennemi qui ne parvenait jamais à connaître les intentions et les forces de ses adversaires.

Quelles que soient les fautes que nous ayons commises pendant la guerre, quels que soient les services que notre cavalerie aurait pu rendre si elle avait été mieux employée, et si surtout on l'avait habituée à l'avance au service d'éclaireurs, il est incontestable que son effectif actuel est loin d'être assez considérable pour lui permettre de remplir à l'avenir pleinement et utilement la grave et importante mission d'éclairer une armée.

Aucun service n'est plus rude et plus fatigant, et c'est pour cela qu'avant tout il faut chercher à augmenter sensiblement le nombre des cavaliers qu'on pourra employer de cette façon ; et c'est en cela, croyons-nous, que l'armée territoriale peut fournir un contingent précieux en temps de guerre, dont l'entretien et l'organisation ne coûteront pas plus au gouvernement en temps de paix que les autres corps dont elle se composera.

Bien que le peuple français ne soit pas, comme le peuple anglais, par exemple, un peuple de cavaliers, l'accroissement constant des fortunes particulières a néanmoins contribué à vulgariser et à répandre le goût de l'équitation. Les idées de luxe, qui ont pénétré dans toutes les classes de la société française, ont coopéré puissamment à ce résultat, et, grâce au service obligatoire, il nous semble aisé de tirer un certain profit d'un état de choses qui nous a été si préjudiciable d'autre part.

L'introduction en France du service militaire obligatoire, en astreignant au service tout Français âgé de moins de quarante ans, amènera dans les rangs de l'armée territoriale une quantité d'hommes jeunes encore, vigoureux, intelligents, instruits et dans une position de fortune qui, jusqu'à ce jour, leur permettait de s'exonérer du service ; et ce sont ces éléments mêmes qui nous paraissent devoir assurer le recrutement du nouveau corps dont il s'agit.

Il nous semble, en effet, qu'il n'est pas de département dans lequel on ne puisse constituer, sur les bases que nous allons énoncer en quelques mots, un ou plusieurs escadrons de cavaliers volontaires appartenant à l'armée territoriale.

Grâce au recrutement territorial des corps de cette partie de l'armée, l'état-major de l'escadron se trouverait soit au chef-lieu, pour les départements qui ne fourniraient qu'un escadron, soit dans les différents chefs-lieux d'arrondissement, pour ceux que leur richesse en chevaux mettrait à même de fournir plusieurs escadrons. La division des départements en districts et en cercles de bataillons et de compagnies permettrait donc le recrutement de ces corps.

Avant d'entrer dans certains détails d'organisation et de composition, il nous semble indispensable d'indiquer les moyens à l'aide desquels il nous paraît aisé de procurer sans dépenses des chevaux aux cavaliers de ces escadrons.

Le service militaire obligatoire doit avoir pour conséquence forcée et inévitable la *conscription des chevaux*, qui seule permet au gouvernement de se procurer, sans frais considérables, en temps de paix, le nombre immense de chevaux dont on se trouve avoir besoin au moment de la mobilisation, et sans lesquels cette mobilisation est, sinon impossible, du moins exposée à subir des retards aussi funestes qu'inévitables.

Tout propriétaire d'un cheval devra donc, si l'on adopte la conscription des chevaux, se présenter devant les commissions instituées à cet effet, faire inscrire son cheval et déclarer ses aptitudes. Il en résultera qu'en temps de guerre, lorsque l'armée territoriale sera appelée à l'activité, nombre de personnes seront obligées de livrer, si l'armée territoriale ne comprend pas de corps de cavalerie, leurs chevaux de selle à l'armée. On voit donc par là que l'on pourrait aisément constituer dans cette armée un certain nombre d'escadrons, et que l'acquisition des chevaux de ces escadrons n'imposerait au gouvernement aucune charge nouvelle, puisque, bien entendu, les cavaliers dont il s'agit dans notre projet, tous propriétaires de chevaux, s'engageraient à se monter à leurs frais.

Nous voudrions que l'on organisât et réglementât la constitution et l'organisation de corps de *cavaliers volontaires* dans l'armée territoriale. De plus, et comme cette cavalerie nous paraît devoir se composer de personnes qui, généralement, par suite même de leur position de fortune, ont dû recevoir une éducation soignée, une instruction plus complète, nous pensons que ces corps devraient servir à éclairer l'armée et constituer une sorte de *cavalerie spéciale d'avant-postes et d'avant-garde.*

Nous reviendrons sur les raisons qui nous paraissent militer en faveur de ce rôle particulier, après avoir exposé brièvement la composition possible de ces escadrons.

Dans chaque district de bataillon on pourrait, à de rares exceptions près, constituer un escadron, et cette cavalerie devant agir par petites fractions et isolément, il nous semble inutile de vouloir en former des régiments. Cependant, dans les départements qui fourniront plusieurs escadrons, on pourra, si on le juge nécessaire, réunir les escadrons par groupes qui fourniront soit des divisions, soit des régiments.

Six escadrons, par exemple, pourraient, en temps de paix, relever, au point de vue du commandement, d'un chef d'escadrons. On obtiendrait ainsi un groupe dont les subdivisions seraient les mêmes, comme nombre du moins, que celles d'un bataillon d'infanterie.

Chaque escadron se composerait, par exemple, de :

	Hommes	Chevaux
Capitaine..................	1	1
Lieutenants..................	2	2
Sous-lieutenants..............	2	2
Maréchal des logis chef........	1	1
Sous-officiers..............	10	10
Brigadiers..................	10	10
Cavaliers..................	120	120
	146	146

En raison du rôle spécial de cette cavalerie, chaque escadron pourra être divisé en 10 sections, composées chacune de 1 sous-officier, 1 brigadier et 12 hommes. Ces sections porteront un numéro d'ordre; cette division par sections aura pour avantage de permettre d'avoir toujours sous la main de petites fractions constituées qui, par suite même de la destination particulière de ces escadrons, seront appelées à agir souvent isolément.

Quand une section entière devra marcher, le commandement appartiendra naturellement au sous-officier.

Quand l'on n'aura besoin que d'une demi-section, l'on fera marcher, selon la volonté du commandant, soit le sous-officier avec les six hommes du premier rang, soit le brigadier avec ceux du second rang. Cette disposition spéciale doit, selon nous, produire un résultat dont l'importance se fait surtout sentir dans des troupes appelées à ce genre de service.

Le danger, en effet, établit entre les hommes qui l'affrontent côte à côte un lien et une intimité réels; et c'est ce lien qu'il est surtout utile de créer dans des troupes qui, comme la cavalerie d'avant-garde, sont exposées à des dangers incessants, à des fatigues continuelles. Des cavaliers qui se connaîtront bien, qui marcheront toujours ensemble, iront au-devant du danger avec d'autant plus de hardiesse qu'ils sauront qu'ils peuvent compter sur le courage et sur l'intelligence de leurs camarades.

Nous n'avons pas parlé du trompette, parce qu'il ne nous paraît pas indispensable d'en pourvoir des escadrons dont les hommes, destinés à être constamment en contact avec l'ennemi, devront être dirigés presque toujours par la voix de leurs chefs, et obéir à des commandements faits, par exemple, à coups de sifflet.

Le service vétérinaire de chaque escadron devra être assuré par un maréchal ferrant capable de faire les premiers pansements aux chevaux blessés. Le maréchal sera donc le seul individu que l'État sera obligé de monter au moment de la mobilisation. Les nouvelles conditions du recrutement permettront d'ailleurs d'en trouver sans peine un dans le district de chaque escadron. Il en sera de même pour les ordonnances d'officiers.

Quant à la destination que reçoit chacun de ces escadrons au moment de la mobilisation, elle nous paraît tout indiquée ; leur constitution même leur permet de se rassembler en peu de temps, et ils pourront, par suite, être rendus les premiers et presque sans retard sur le théâtre de la guerre.

Avant de passer aux détails d'instruction des hommes, aux motifs qui nous ont poussé à demander pour eux cette mission si grande, mais si périlleuse, il serait bon de dire quelques mots du paquetage et de l'armement.

La question de l'uniforme est essentiellement secondaire, et c'est, du reste, dans notre pays celle qu'on est toujours tenté de trancher en premier lieu.

Les cavaliers éclaireurs doivent évidemment avoir pour arme le revolver à six coups et le chassepot de cavalerie ; mais comme ils peuvent être appelés à combattre fréquemment à pied, ils doivent être pourvus d'un nombre de cartouches plus considérable que celui qu'on distribuait jusqu'ici à nos cavaliers.

Le sabre de cavalerie, si gênant pour l'homme qui combat à pied, et surtout pour celui qui, devant chercher à tout voir, devra souvent ramper pour s'approcher le plus près possible des lieux qu'il vient reconnaître, devrait être fixé à la selle, comme le font les cavaliers arabes.

La selle devra être aussi légère que possible, pourvue

simplement d'un poitrail arabe, qui l'empêchera de glisser en arrière. La couverture sera pliée et placée sous la selle, qui recevra sur le troussequin un porte-manteau fixé à l'aide de courroies. Deux sacoches fixées de chaque côté contiendront, outre les effets de pansage et de propreté indispensables, un vêtement et des chaussures de rechange, une paire de fers, des clous, des entraves et un piquet ferré surmonté d'un anneau. Le piquet nous paraît être d'autant plus indispensable que les éclaireurs, étant appelés à agir isolément et à mettre fréquemment pied à terre, doivent disposer d'un moyen particulier d'attacher leur cheval, moyen dont la solidité leur permette d'être certains de retrouver leur monture. Enfin des courroies disposées sur les faces extérieures des sacoches permettront de fixer une marmite individuelle et ce piquet. Les officiers seuls n'auront pas de fusil.

Il nous reste à parler de l'instruction que devront recevoir tous les cavaliers éclaireurs. Comme ces corps ne comprendront absolument que des personnes possédant des chevaux de selle, il sera inutile d'apprendre à chacun des cavaliers ce qu'il sait déjà et ce qu'il a pratiqué pour son plaisir pendant de longues années.

On pourra donc consacrer le temps fixé pour les réunions annuelles à l'éducation purement militaire des cavaliers, éducation qui ne devra porter que sur les chapitres que le cavalier éclaireur aura besoin de connaître et dont il aura lieu d'appliquer les prescriptions en campagne. Cette éducation militaire devra être dirigée avec d'autant plus de soin et d'intelligence que ces corps ne comprendront, pendant les premières années, que des individus que la campagne de 1870-71 a appelés, il est vrai, sous les drapeaux pour la plupart, mais dont l'ignorance égalait naturellement la bonne volonté et le courage.

Il sera donc indispensable de donner à ces cavaliers quelques notions des trois écoles du cavalier, du peloton et de l'escadron. Mais on devra exclure de ces études tout ce qui n'a pas une importance réelle pour l'éclaireur, qui n'est pas appelé à manœuvrer en ligne avec une régularité automatique, mais qui est destiné, la plupart du temps, à agir isolément ou par petits groupes.

On devra insister quelque peu sur l'école du cavalier à pied, consacrer un certain temps au tir à la cible, car l'éclaireur doit être, selon nous, au moins aussi bon tireur que hardi cavalier. Puis, comme nous avons tout lieu de croire que les réunions annuelles pour les exercices auront lieu toujours après la moisson, on devra profiter de cette époque pour les exercer aux tirailleurs en les conduisant alors dans les champs non encore ensemencés. Avec les éléments intelligents dont se composeront ces corps, on ne saurait manquer d'obtenir en peu de temps des résultats excellents.

Ce n'est que lorsque les cavaliers seront familiarisés avec ce genre d'exercices que l'on devra commencer à les rompre aux opérations qu'ils devront faire en campagne, qu'on pourra les accoutumer à évaluer les distances, à juger les formes du terrain. Enfin, avant de faire entreprendre des reconnaissances aux cavaliers, ils devront être pleinement familiarisés avec la lecture des cartes. Ils arriveront alors en peu de temps à pouvoir rapporter à leurs chefs, lorsqu'ils rentreront de reconnaissance, non pas un levé irrégulier, mais un croquis qui représentera les lignes générales et les accidents du terrain qu'ils auront exploré, et dans lequel la légende suppléera à l'insuffisance du dessin.

Ce que nous venons d'indiquer serait peut-être un programme trop compliqué pour des soldats, mais la composition des corps d'éclaireurs diffère essentiellement de celle de nos régiments, et nous sommes certain qu'animés d'une bonne volonté dont les événements ont fait un devoir à tout homme de cœur, les individus qui feront partie de ces corps parviendront, grâce à l'éducation qu'ils ont reçue, à l'instruction qu'ils possèdent, à se familiariser rapidement avec les principes élémentaires qu'il est indispensable de leur faire connaître.

Comme nous le disons plus haut, ce n'est qu'à ce moment qu'on pourra utilement commencer à leur apprendre en temps de paix ce qu'ils auront à faire en temps de guerre.

Il ne nous reste plus qu'à exposer les motifs qui nous permettent de croire que le recrutement même de ces corps les rendra plus aptes qu'aucun autre au service d'éclaireurs.

Ce n'est pas, en effet, le dressage que reçoivent les chevaux et les hommes dans nos régiments de cavalerie qui peut mettre nos cavaliers à même de faire fructueusement et utilement le service d'éclaireurs ; l'homme et le cheval, habitués le plus souvent à manœuvrer dans le rang, à sentir toujours des voisins qui les encadrent et qui les entraînent, se trouvent aussi désorientés, aussi embarrassés l'un que l'autre, quand il faut agir isolément. D'autre part, et c'est là encore une vérité incontestable, le métier d'éclaireur exige une certaine dose d'intelligence sans laquelle les actes de hardiesse et de courage sont fatalement condamnés à rester inutiles et infructueux.

Ce sont ces différents motifs qui nous ont poussé à croire que des hommes intelligents et instruits (dont plusieurs auront passé plusieurs années à battre les forêts en chassant), montés sur des chevaux habitués à *marcher seuls*, plus vites, plus adroits, plus entraînés que ceux de nos régiments de cavalerie, sont appelés à fournir à notre armée un certain nombre d'éclaireurs aussi hardis qu'intelligents. S'il y avait lieu de résister à une invasion, on trouverait dans chaque département un noyau de gens connaissant jusqu'au moindre sentier, jusqu'au plus petit layon.

En territoire ennemi, d'autre part, les escadrons d'éclaireurs donneront aux états-majors des renseignements précieux. Aidés et soutenus par la cavalerie régulière, ils pousseront au loin des pointes hardies, harcelleront l'ennemi nuit et jour, détruiront ses chemins de fer, enlèveront ses convois, l'inquiéteront sans cesse sur ses flancs et sur ses derrières.

Pendant les combats ils laisseront agir l'armée, se prolongeront sur ses ailes, afin de prévenir, de découvrir les mouvement tournants de l'ennemi, et de pouvoir, après le combat, reprendre leur service ordinaire.

Il ne faudra donc pas perdre de vue le rôle spécial, exclusif de cette cavalerie ; pas d'uniformes voyants, pas de surcharges inutiles pour le cheval, rien de ce qui retarde et entrave la marche. Ces cavaliers seront des enfants perdus qui auront pleinement fait leur devoir toutes les fois qu'ils auront inquiété l'ennemi, menacé ses communications, signalé ses mouvements. Ils ne devront l'attaquer que quand ils seront sûrs d'être assez forts pour vaincre les détachements en présence desquels ils se trouveront.

En un mot, ils devront être *invisibles* et *insaisissables,* *voir sans être vus.*

Nous n'avons pas la prétention, en écrivant ces lignes, de déterminer la composition de ces corps ; nous avons voulu seulement exprimer une idée et attirer l'attention sur les services que pourraient rendre, sans peine et *sans frais* pour l'État, des éléments qu'il serait regrettable de ne pas utiliser.